AF189162

Jutta Schütz
wurde in Lebach (Saarland) geboren.

Mit ihrem ersten Bestseller "Plötzlich Diabetes" (2008) gilt die Autorin bei Kritikern als Querdenkerin. 2010 startete sie mit ihren Gesundheitsbüchern ihr Pilotprojekt in Bruchsal und später bei der VHS in Wolfsburg. Schütz schreibt Bücher, die anspornen, motivieren und spezielles Insiderwissen liefern. Sie hat bis heute über 100 Bücher geschrieben und an vielen anderen Büchern mitgewirkt. Zudem hilft sie als Mentorin und Coach vielen Neuautoren bei der Veröffentlichung ihrer Bücher.

Als Journalistin schreibt sie für viele Verlage und Zeitungen. Ihre Themen sind: Gesundheit, Psychologie, Kunst, Literatur, Musik, Film, Bühne, Entertainment. Weitere Informationen zur Autorin und ihren Büchern findet man in den Verlagen, auf ihrer Webseite sowie im Kultur-Netzwerk.

Mehr Infos finden Sie auf der Webseite:
www.jutta-schuetz-autorin.de
www.die-gruppe-48.net/Funktionstraeger

Inhaltsverzeichnis

Jutta Schütz

AD(H)S
besser verstehen

Ratgeber für Hilfesuchende

© 2019 Autor: Jutta Schütz
© 2019 Buchsatz, Layout, Buchgestaltung
© 2019 Buchidee: Jutta Schütz
www.jutta-schuetz-autorin.de
E-Mail: info.jschuetz@googlemail.com

© 2019 Herstellung und Verlag:
BoD – Books on Demand, Norderstedt

ISBN: 9783749445912

Bibliografische Information der Deutschen Nationalbibliothek: Die Deutsche Nationalbibliothek verzeichnet diese Publikation in der Deutschen Nationalbibliografie; detaillierte bibliografische Daten sind im Internet über http://dnb.d-nb.de abrufbar.

Die im Buch veröffentlichten Ratschläge wurden von mir sorgfältig geprüft. Eine Garantie kann ich dennoch nicht übernehmen. Ebenso ist die Haftung von mir bzw. des Verlages für Personen-, Sach- und Vermögensschäden ausgeschlossen. Alle Markennamen, Warenzeichen und sonstigen eingetragenen Trademarks sind Eigentum ihrer rechtmäßigen Eigentümer und dienen hier nur der Beschreibung.

MIX
Papier aus verantwortungsvollen Quellen
Paper from responsible sources
FSC® C105338

Einleitung

Unaufmerksam, motorisch unruhig und impulsiv - so werden hyperaktive Kinder beschrieben.

Schon in der Kinderliteratur werden einige typische Beispiele charakterisiert.

Das älteste Bild ist seit dem Jahr 1845 der Struwwelpeter und seit den 90iger Jahren gibt es auch die Struwwelliese. Aber auch der liebenswerte Michel aus Lönneberga zeigt gewisse Übereinstimmungen.

In jeder Klasse einer Grundschule sitzen heute schon zwei bis drei Schüler, die durch ihre ewige Unruhe und Konzentrationsschwäche den Pädagogen viel Abverlangen.

Warum gibt es heute so viele Kinder mit diesem Syndrom?

Nicht jedes unaufmerksame, zappelige Kind ist hyperaktiv - vielleicht ist es eben nur sehr verspielt, lebendig, lebhaft und reizoffen.

Kaum eine psychische Erkrankung ist so gut untersucht worden wie die Aufmerksamkeits-Defizit-Hyperaktivitäts-Störung im Kindes- und Jugendalter. Dass an dieser Störung auch Erwachsene leiden, wurde hingegen fast übersehen.

Ärzte und Psychologen beschäftigen sich erst seit kurzem mit AD(H)S im Erwachsenenalter. Leider liegen hier nur sehr wenige gesicherte Erkenntnisse vor.

Die Krankheit ist bei Erwachsenen deutlich schwerer zu erkennen als bei Kindern. Sie wird oft fehldiagnostiziert, weil sich die Anpassungsstörung mit anderen psychischen Symptomen vermischen. Psychische Erkrankungen der Eltern gelten zwar nicht als Ursache von AD(H)S, können jedoch bei einer bereits bestehenden Veranlagung die Störung mit auslösen.

Wenn Sie denken, dass Sie vielleicht an einer AD(H)S leiden, vertrauen Sie sich einem oder besser mehreren Ärzten an. Diese Krankheit (ADHS) ist zwar nicht heilbar - viele Symptome können jedoch verringert werden.

Was bedeuten
die Buchstaben "AD(H)S"?

AD(H)S steht für:

Aufmerksamkeits-Defizit-Hyperaktivitäts-Störung.

Diese AD(H)S-Störung ist eine bereits im Kindesalter beginnende Störung. Sie äußert sich durch Schwierigkeiten mit der Aufmerksamkeit sowie durch Impulsivität und Hyperaktivität.

Man unterscheidet zwei Formen von AD(H)S:

- AD(H)S <u>mit</u> "H" bedeutet "mit Hyper-Aktivität. Die Menschen sind unaufmerksam, unruhig und zappelig.

- AD(H)S <u>ohne</u> "H" – also ADS bedeutet: Aufmerksamkeitsdefizitsyndrom mit Unaufmerksamkeit, aber ohne Hyperaktivität. Die Menschen sind unaufmerksam, ruhig und verträumt.

AD(H)S, Asperger oder Hochbegabt?

AD(H)S wird auch als ADD bezeichnet.

ADD bedeutet: attention-deficit-disorder, in der deutschen Sprache heit das: Aufmerksamkeits-Defizit-Disposition.

Es gibt Störungen, die mit einem Asperger-Syndrom gemeinsam auftreten (ADD, Ängste, Phobien, Zwänge, Depressionen und auch das Tourett-Syndrom).

Es ist wichtig, von einem Facharzt abklären zu lassen, ob es sich um AD(H)S oder um Asperger handelt, oder beide Störungen, oder doch nur um eine Hochbegabung.

Auffällig sind eine ganze Reihe von Symptomen bei AD(H)S und Autismus, die gleich sind. Also bei beiden Störungen auftreten. Es gibt Studien die weisen darauf hin, dass es eine 50 Prozentige Überlappung von AD(H)S und Autismus gibt.

Neurobiologische Untersuchungen wiesen zwar deutliche Unterschiede auf, aber bei beiden Störungen ist jedoch das Frontalhirn involviert.

Es fällt bei vielen Kindern mit einer Autismus-Spektrumstörung auf, dass sie auch an einer AD(H)S-Symptomatik leiden.

Bei einem Teil der Kinder mit AD(H)S werden auch umgekehrt autistische Verhaltensstörungen beobachtet.

Aus diesen Gründen ist es sehr wichtig, bei jedem Kind mit der Diagnose Autismus nach dem Vorliegen einer AD(H)S-Symptomatik zu suchen und umgekehrt sollte bei AD(H)S-Kindern auch das mögliche Vorliegen von autistischen Zügen abgeklärt werden.

Ist vielleicht das Asperger-Syndrom eine Variante von AD(H)S?

Es gibt 75% Symptomüberlappung, Gemeinsame genetische Veränderungen, Autismus-Gen (7q), das auch bei AD(H)S, LRS und Anorexie nachgewiesen wurde und Übereinstimmungen in der Bildgebung (FMRT, PET, EEG).

Durch viele veröffentliche Tabellen zur Selbstdiagnostik (ADHS oder Asperger) wird die Verunsicherung noch verstärkt. Man kann keine Störung oder Krankheit durch Punkte in einer Skala diagnostizieren.

Bitte vertrauen Sie sich einem Facharzt an!

Asperger Autismus und AD(H)S

Das Asperger-Syndrom ist eine Kontakt- und Kommunikationsstörung, die als abgeschwächte Form des Autismus angesehen wird.

Der Wiener Kinderarzt und Heilpädagoge Hans Asperger (*18.02.1906 - †21.10.1980) veröffentlichte 1944 seine Doktorarbeit zum Thema „autistische Psychopathie". Er beschrieb Kinder, die über mehr soziale Fähigkeiten verfügen als den frühkindlichen Autismus.

Er verfasste seine Veröffentlichungen größtenteils in deutscher Sprache, die kaum in andere Sprachen übersetzt wurden. Daher waren seine Arbeiten wenig bekannt. Das Asperger-Syndrom erlangte erst in den 1990er Jahren internationale Bekanntheit in Fachkreisen.

Lorna Wing, eine britische Psychologin führte in den 1980er Jahren die Forschungen von Hans Asperger weiter und benannte es nach seinem Erstbeschreiber.

Asperger widmete sich an der Heilpädagogischen Abteilung der Wiener Universitätskinderklinik besonders diesen gesellschaftlichen Außenseitern. Er nannte diese Kinder „Kleine Professoren".

Das Asperger-Syndrom wird zur heutigen Zeit als ein Teil des Autismus-Spektrums gesehen und auch als „High-Function-Autismus" bezeichnet.

Die Annahme, dass er selbst am Asperger-Syndrom litt, ist und bleibt nur eine Vermutung.

Die ICD (Internationale statistische Klassifikation der Krankheiten) nahm erst im Jahre 1991 das Asperger-Syndrom auf.

Zirka 8000 Menschen in Deutschland gelten als Asperger-Autisten. Der Arbeitsmarkt weiß allmählich die Fähigkeiten dieser Menschen zu nutzen.

Asperger-Menschen weisen zwar Defizite im Bereich der zwischenmenschlichen Kommunikation und Interaktion auf, sind dafür aber in einzelnen Fachbereichen überdurchschnittlich begabt.

Sie gelten als besonders:

- Ausdauernd

- Aufmerksam

- Logisch denkend

- Detailgetreu

- Loyal

- Hoch motiviert

- Wahrheitsliebend

Sie haben ein überdurchschnittlich hohes logisches Denken, sogenannte Inselbegabungen, etwa im Bereich der Mathematik, Logik und der Sprachen sowie auch ein sehr gutes fotografisches Gedächtnis.

Zum Beispiel bei einem Kind mit Fähigkeiten im Normalbereich, das fließend spricht und sehr gute Kenntnisse auf besonderen Spezialgebieten hat, denkt man zunächst nicht an einen Autismus.

Asperger beschrieb eine Gruppe von Kindern, die intellektuell NICHT beeinträchtig wirkte, aber ein sehr gutes Sprachvermögen hatten, aber deren gesamtes soziales Verhalten merkwürdig war. Ihm fiel Folgendes auf:

Diese Kinder hatten Störungen im Sprachgebrauch, Blickkontakt und Körpersprache. Außerdem hatten sie im normalen, alltäglichen Umgang mit anderen keine natürliche und altersgemäße Kommunikation. Ihre Körperhaltung und Gesten standen nicht im Bezug zur Situation. Die motorische Ungeschicktheit wirkte künstlich oder seltsam. Tonfall und Wortwahl war auffällig. Sie hatten Schwierigkeiten bei spontaner Kommunikation.

Es war eine Diskrepanz zwischen Intelligenz und Gefühlsleben.

Asperger nannte sie „Autistische Psychopathen".

Asperger-Kinder können von sich aus selten altersgemäße Beziehungen zu anderen Kindern herstellen. Ihre Kontaktaufnahme geschieht verstandesmäßig.

Im Kindergarten und in der Schule wirken sie fremd und beunruhigend. Sie werden daher oft Opfer von Ausgrenzungen und Mobbing.

Sie begreifen mit zunehmendem Alter, dass sie anders sind.

Werden sie damit allein gelassen, ist die Gefahr einer Depression sehr groß. Dies kann sich dahingehend auswirken, dass sie entweder Aggressivität zeigen, oder sich völlig zurückziehen. Manche denken an Selbstmord.

Asperger-Kinder sind relativ leicht betroffen, gemessen am autistischen Spektrum.

Sie benötigen Verständnis und Hilfe, aber es muss die richtige Art von fachlicher Hilfe sein. So können sie mit der richtigen Art von Hilfe soziale Verhaltensweisen lernen. So sind die Chancen, dass sie einen Beruf ausüben sowie auch ein eigenständiges Leben führen können, recht gut.

Ein interessanter Erfahrungs-Bericht zu diesem Thema:

Ein emeritierter Informatik-Professor bereitet einen Jungen mit dem Asperger-Syndrom auf das Leben vor. Eine Geschichte über die Liebe zur Mathematik von Benjamin von Brackel

http://www.zeit.de/2015/01/asperger-syndrom-mathematik-studium

Das Asperger-Syndrom wurde bis vor kurzem noch dem Autismus zugeordnet, obwohl es mehr einer Sonderform des AD(H)S gleicht.

Hochbegabung und AD(H)S

In der Psychologie versteht man unter Hochbegabung eine weit über dem Durchschnitt liegende intellektuelle Begabung eines Menschen.

Es wird davon ausgegangen, dass zwischen verschiedenen Menschen quantitative Unterschiede im Bezug auf ihre intellektuellen Befähigungen bestehen.

Es ist immer noch unklar, wie eine Hochbegabung sich entwickelt. Es wird vermutet, dass es ein Zusammenspiel mit dem sozialen Umfeld in der Kindheit und genetischen Einflüssen bedarf.

In wenigen Fällen kann eine Hochbegabung auch gemeinsam mit der AD(H)S auftreten, aber die Intelligenzleistung von AD(H)S-Betroffenen gilt jedoch im Durchschnitt nicht als höher

Anzeichen einer Hochbegabung:

In Kindergarten und Schule

- Langeweile
- Mangelndes Interesse am Schulstoff
- Stören der anderen Kinder
- Das Kind fühlt sich unverstanden
- Das Kind gilt als Streber/Besserwisser
- Auffällig gute Noten

Nicht jeder Hochbegabte ist ein guter Schüler und nicht jeder gute Schüler hochbegabt.

Lernen und Denken

- Gutes Verständnis von Zusammenhängen
- Hohes Detailwissen
- Ungewöhnlich ausgeprägter Wortschatz
- Frühes Lesen
- Kennt schon die Uhrzeit
- Bevorzugt selbstständiges Arbeiten
- Hohe Ziele

Soziale Auffälligkeiten

- Kaum Interesse an alterstypischen Aktivitäten
- Kritisch in Bezug auf Leistungen
- Intellektuell sehr weit entwickelt
- Ständig kritisches Hinterfragen
- Die Wahl deutlich älterer Freunde
- Möchte gerne alleine bestimmen
- Sehr individualistisch

Im Arbeitsverhalten

- Perfektionistische Ansprüche
- Starke Vertiefung in bestimmte Probleme
- Langeweile bei Routineaufgaben

Im Durchschnitt haben Hochbegabte weniger soziale Probleme als andere Menschen.

Eine Hochbegabung lässt sich mit dem sogenannten Intelligenz-Quatienten (IQ) messen.

Normale Menschen haben einen IQ von zirka 100. Als hochbegabt gilt man ab einem IQ von zirka 130 und so hohe Werte (und höher) haben etwa 2% der Menschen in Deutschland.

Eine Hochbegabung kann man nicht durch Erziehung erreichen oder antrainieren. Das Gehirn entwickelt sich schon im Babybauch.

Manche Hochbegabte zeigen schon als ganz kleine Kinder Fähigkeiten, die ihre Mitmenschen erst viel später oder gar nicht erreichen werden.

Die Eltern hochbegabter Kinder werden oft nicht verstanden, weil:

- Neid entsteht

- Viele denken, die Eltern wollen nur angeben

- Viele meinen, dass Eltern ihre Kinder zu Höchstleistungen dressieren

- Viele wissen nicht, dass ein hochbegabtes Kind für ihre Eltern äußerst anstrengend ist.

Fazit:

Es ist davon auszugehen, dass etwa 70% unserer Gesamtbevölkerung einen "normalen" IQ aufweisen, der zwischen 90% und 109% liegt.

Menschen mit einem IQ unter 85% gelten als lernbehindert.

Als Intelligent gelten Menschen mit einem IQ von 110% bis 120%.

Bei Werten zwischen 120% und 130% IQ ist man überdurchschnittlich intelligent.

Und nur Menschen mit einem IQ über 130% gelten tatsächlich als hochbegabt.

Symptome bei AD(H)S

- Konzentrationsprobleme

- Innere Unruhe

- Aufgewühlt sein und überreagieren

- Ablenkbarkeit

- Ständig in Bewegung

- Fehlende Tagesplanung

- Verzetteln

- Unfähigkeit Prioritäten zu setzen

- Chaos im Kopf

- Sich schnell angegriffen fühlen

- Handeln ohne über die Folgen nachzudenken

- Stimmungsschwankungen

- Depressive Stimmungsschwankungen

- Schnell gelangweilt und antriebslos

- Mangelnde emotionale Abgrenzung

- Gefühle nicht beschreiben können

- Termine nicht einhalten können

- Dinge verlegen, vergessen

- Häufiges Zuspätkommen

- Unüberlegte Einkäufe

- Unordnung im Haushalt

- Sammelwut

- Wenige Freunde

- Unregelmäßige Essenszeiten

- Sie scheinen nicht zuzuhören

- Im Unterricht stören sie oft

- Ihr Schriftbild ist oft unleserlich

- Lese- und Rechtschreibschwäche

- Ihre Mimik, Gestik und Körpersprache ist oft nicht der Situation angemessen.

- Sie entwickeln oft Essstörungen wie Magersucht

Weitere Begleiterkrankungen sind:

- Depressionen

- Soziale Phobien

- Schlafstörungen

Was sind Depressionen?

Kinder mit AD(H)S leiden als Jungendliche häufiger an Depressionen.

Aber eine Depression kann jeden treffen, unabhängig von Alter, Geschlecht und sozialem Status. Frauen sind etwa doppelt so häufig wie Männer betroffen.

Wir ALLE kennen Phasen unseres Lebens, in denen wir traurig, unglücklich oder einsam sind. Dauert eine traurige Phase aber über Wochen an, könnte bereits eine Depression vorliegen.

Depressionen sind keinesfalls ein Zeichen persönlichen Versagens oder Schwäche, sondern eine episodische Erkrankung und können viele Ursachen haben. Bei einer Depression liegen Störungen in Bezug auf Botenstoffe im Gehirn vor und niemand, der unter Depressionen leidet, braucht sich schuldig zu fühlen.

Die Gefahr von Suizidversuchen ist groß. Fast alle Patienten mit schweren Depressionen haben Selbsttötungs-Gedanken.

In Deutschland gibt es zirka 5 Millionen Menschen, die an Depressionen erkrankt sind. Für das Jahr 2020 schätzen Experten eine tendenzielle Steigerung. Somit liegt die DEPRESSION an 4. Stelle der wichtigsten Erkrankungen. Im Lebensalter zwischen 25 und 45 Jahren werden Depressionen gehäuft diagnostiziert.

Eine Depression (deprimere - Niederdrücken) ist eine psychische Erkrankung des Gefühls- und Gemütslebens.

Fast jeder Fünfte erkrankt mindestens einmal im Leben an einer Depression.

Weil viele Betroffene die Anzeichen einer Depression nicht richtig deuten oder sich scheuen, zum Arzt zu gehen, liegt die Dunkelziffer vermutlich um ein Vielfaches höher.

Die Zeichen einer Depression können sein:

- negative Gedanken
- negative Stimmung
- keine Freude mehr empfinden
- keinen Antrieb spüren
- kein Selbstwertempfinden
- fehlende Leistungsfähigkeit
- kein Einfühlungsvermögen
- Zukunftsangst
- vielfältige körperliche Symptome wie: Schlaflosigkeit, Appetitstörungen, Schmerzzustände

In der Psychiatrie wird die DEPRESSION den affektiven Störungen zugeordnet. Eine Diagnose wird immer nach Symptomen und Verlauf gestellt.

Nach der fachärztlichen Leitlinie der „Deutschen Gesellschaft für Psychiatrie und Psychotherapie, Psychosomatik und Nervenheilkunde „DGPPN" (Nationale Versorgungs-Leitlinie Unipolare Depression)" vom Jahr 2011 wird empfohlen, zum Zwecke der Diagnose (nach ICD-10) zwischen drei Haupt- und sieben Zusatzsymptomen zu unterscheiden.

Für eine Diagnosestellung müssen Hauptsymptome und weitere depressive Symptome mindestens zwei Wochen lang fortwährend vorhanden sein.

Aufgrund ihres vielfältigen Erscheinungsbildes, wird die Depression vom Hausarzt oft nicht erkannt. Es gehört neben medizinischem Fachwissen auch viel psychiatrische Erfahrung dazu, um eine Depression schnell und sicher zu diagnostizieren.

Ist eine richtige Diagnose erst mal gestellt, ist die Lage alles andere als aussichtslos. Hinsichtlich der Therapie hat sich in den letzten Jahrzehnten viel getan. Mehr als 80% der Erkrankten kann geholfen werden.

Patienten beschreiben ihre depressiven Gefühle unterschiedlich. So wird von Hoffnungslosigkeit, Niedergeschlagenheit und von Verzweiflung berichtet, andere schildern mehr eine Gefühllosigkeit, bei der sie weder Trauer noch Freude empfinden können.

Auffällig ist auch, dass depressive Patienten sich langsam bewegen sowie auch langsam sprechen.

Eine Depression wird oft von einer anderen Erkrankung überdeckt und nicht erkannt. Sie kann sich auch vorwiegend durch körperliche Symptome (Schmerzen) bemerkbar machen.

Bei schweren depressiven Störungen können auch psychotische Symptome auftreten wie:

- Halluzinationen

- Wahnideen

- Stupor (körperliche Starrheit)

Eine „nicht behandelte" depressive Phase (Episode) dauert zirka sieben Monate.

Die behandelte Depression kann bei den meisten Menschen vollständig geheilt werden – bei manchen Patienten bleibt jedoch ein kleiner Rest der depressiven Symptome bestehen.

Die Depression kann sich auch chronisch entwickeln. Das heißt, dass sich die depressiven Phasen regelmäßig wiederholen – es entsteht eine Dysthymie. Hier sind die Symptome nicht so ausgeprägt wie bei einer klassischen Depression.

Bei über der Hälfte der Patienten kommt es nach einer ersten Erkrankung zu einer weiteren depressiven Episode.

Eine Behandlung richtet sich danach, ob eine Depression erstmals oder wiederholt auftritt und wie schwer der Patient erkrankt ist.

Sie sollte sich an den Empfehlungen orientieren, die in der „Nationalen Versorgungsleitlinie (Unipolare Depression)" stehen.

Nicht jede Depression muss sofort psychotherapeutisch oder mit Medikamenten behandelt werden.

Eine effektive Behandlung senkt die Rückfallrate erheblich.

Hinsichtlich ihrer Wirksamkeit belegte Psychotherapieverfahren bei Depressionen sind:

- Gesprächspsychotherapie

- Verhaltenstherapie

- psychodynamische Psychotherapie

- interpersonelle Psychotherapie

- systemische Therapie

- medikamentöse Therapie (verschiedene Antidepressiva)

Eine depressive Störung ist NICHT dasselbe wie eine vorübergehende Niedergeschlagenheit!

Eine Depression kann auch durch eine körperliche Erkrankung oder durch Medikamente hervorgerufen werden.

Denkbar ist auch, dass diese Erkrankung in einem engen Zusammenhang mit einem Ereignis im Leben des Betroffenen stehen kann, wie z. B. einem Trauerfall, Arbeitsverlustes, Trennung oder finanzieller Verschuldung.

Ein weiterer zusätzlicher Faktor könnte eine manisch-depressive Erkrankung sein (bipolare Störung). Hier treten neben ausgeprägten Tiefs auch ausgeprägte Hochs auf. In diesen Hochphasen ist der Erkrankte oft überaktiv und ausgesprochen redselig. In dieser Zeit wird häufig das Denken, das Sozialverhalten und die Urteilsfähigkeit beeinflusst.

Wenn die Anzeichen einer Depression bemerkt werden, sollte man schnellst möglich zum Arzt gehen. Oft ist es für Betroffene, aber auch Angehörige wichtig, die Lebensumstände entsprechend zu ändern (Arbeitssituation / Privatleben).

Soziale Phobien

Kinder und Jugendliche die an AD(H)S leiden, gelten als besonders gefährdet für eine Soziale Phobie. Es ist nur fraglich, ob es sich wirklich um eine Sozale Angst oder eher um eine reale Erfahrung handelt.

Gerade für AD(H)S-Betroffene sind Freundschaften und Beziehungen zu anderen Menschen sehr wichtig aber auch sehr schwierig.

Oft sind AD(H)S-Menschen aber Einzelgänger und meiden Gruppen. Sie können mit einer Gruppendynamik nicht gut umgehen, oder weil das erhöhte Reizaufkommen in Gruppensituationen sie überfordert und schnell erschöpft.

Zirka 8% aller Kinder und Jugendlichen leiden irgendwann einmal in ihrer Kindheit (Jugendzeit) an einer sozialen Phobie.

Schlafstörungen

AD(H)S-Menschen leiden oft auch unter Schlafstörungen.

Zirka 45% der heranwachsenden AD(H)S-Erkrankten sind von Schlafstörungen betroffen und für die behandelnden Ärzte ist es nicht einfach, die Zusammenhänge zwischen der Schlafqualität und der Aufmerksamkeitsdefizit-Hyperaktivitätsstörung eindeutig nachzuweisen. Auch Ursache und Wirkung lässt sich nicht immer exat beantworten.

Auch die zahlreichen Studien über das Schlafverhalten von AD(H)S-Erkrankten bringen keine Transparenz.

Wegen der Vielzahl von psychiatrischen Auffälligkeiten ist es besonders kompliziert, ein für AD(H)S typisches Schlafprofil herauszufiltern.

Unter Schlafstörungen versteht man:

- Einschlafstörungen

- Durchschlafstörungen

- Frühes Erwachen

Die Auslöser können sein:

- Stress

- Sorgen

- Krankheit

- Quälende Gedanken

- Spätes Essen

- Zuviel Kaffee oder schwarzer Tee

Schlafstörungen führen dazu, dass man müde und gereizt in den neuen Tag startet. Unter einem Schlafproblem leiden immer mehr Deutsche und sie wissen selten, woher ihre Schlafprobleme kommen. Oftmals ist jedoch der Stress im Alltag dafür verantwortlich.

Nicht behandelte Schlafstörungen können so zu Depressionen führen.

Gegen Schlafprobleme sind Kräuter gewachsen, was aber nicht bei jedem Schlafproblem hilft. Grundsätzlich werden Schlafprobleme von den Medizinern nicht als Krankheit angesehen, sondern lediglich als Symptom einer anderen Krankheit, doch gerade dann, wenn die Schlafprobleme über mehrere Wochen oder gar Monate anhalten, wird das Ganze für den Einzelnen zur Qual.

Eine erholsame Nachtruhe ist sehr wichtig, denn wenn wir schlafen regeneriert sich der Körper und die Immunabwehr stärkt sich.

Dies verhindert ein vorzeitiges Altern. Wissenschaftliche Studien zeigen auch, dass ein gesunder Schlaf vor der Alzheimer-Erkrankung schützt.

Bullimie und Esssucht

AD(H)S-Menschen entwickelt auch oft eine Magersucht (Anorexie), Ess-Brechsucht (Bullimmie) oder Esssucht (Hyperphagie).

Zu den Störungen der Impulskontrolle gehören Bullimie und Esssucht.

Hier stopfen die Betroffenen Unmengen von Nahrungsmitteln in sich hinein, während die Magersucht eher zwanghafte Anteile hat.

AD(H)S und Borderline

Im Erwachsenenalter finden sich auch eine höhere Rate von Persönlichkeitsstörungen wie zum Beispiel die Borderlinestörung. Diese weist eine große Überschneidung mit dem AD(H)S auf.

Es wird diskutiert, ob nicht ein großer Anteil der Borderlinestörung des impulsiven Typs nicht unerkannte AD(H)S-ler sind.

Es werden weiterhin auch narzistische und histrionische Persönlichkeitsstörungen beobachtet.

Bei der Borderline-Störung (BPS) handelt es sich um eine Persönlichkeitsstörung (psychische Erkrankung).

Die Krankheit wird durch Impulsivität, instabile zwischenmenschliche Beziehungen, schnelle Stimmungswechsel und ein schwankendes Selbstbild (wegen gestörter Selbstwahrnehmung) charakterisiert.

Es handelt sich um ein schwerwiegendes psychiatrisches Krankheitsbild.

Für Menschen mit dieser Erkrankung ist das Leben wie eine unkontrollierbare Achterbahnfahrt.

Angehörige, Arbeitskollegen und Freunde können nur schwer nachempfinden, was Menschen mit Borderline-Persönlichkeitsstörung durchmachen.

Wegen des selbstgefährdenden Verhaltens gilt die Persönlichkeitsstörung als erstzunehmende und schwerwiegende Erkrankung.

Die Diagnoseschlüssel (nach ICD) für Borderline lauten: F 60.3 Emotional-instabile Persönlichkeitsstörung und F 60.30 Impulsiver-Typus.

Hyperaktivität ist nicht gleich AD(H)S

Wenn das Kind sehr temperamentvoll und unruhig oder manchmal etwas nervös ist und sich dann schlecht konzentrieren kann, dann hört man oft das Wort "AD(H)S".

Dann wird oft gefragt:

- Hat das Kind nun AD(H)S?

- Ist das Kind hyp**o**aktiv oder hyp**er**aktiv?

Bei Hypoaktivität spielt sich das Chaos im inneren ab, die Betroffenen sind die typischen Träumer. Hypoaktive sind also viel unauffälliger.

Bei Hyperaktivität spielt sich das Chaos nach aussen ab, die Betroffenen sind z. B.: Zappelphilippe.

Wirbelwind- oder
AD(H)S-Kind?

Es gibt Eltern, die haben kleine Rabauken, die mit voller Energie den ganzen Tag wie wild durchs Haus toben.

Oft wird von älteren Menschen behauptet, dass früher alles besser war und Kindererziehung sei noch vor ein paar Jahren deutlich einfacher gewesen. Heute aber sind viele Kinder täglich komplett verplant.

Die Kinder stehen unter Dauerbeobachtung, da kann es schnell passieren, dass ein eigentlich "nur lebhaftes" Kind von den Erwachsenen leichtfertig einen Stempel aufgedrückt bekommt, dass es an AD(H)S leide.

Wo ist aber nun die Grenze zwischen einem lebhaften Kind oder einem AD(H)S-Menschen?

Aufgeweckte und lebhafte Kinder sind unbequem und ecken dadurch immer wieder an. Es fallen immer wieder die gleichen Sätze, dass sie anstrengend sind, ihre Spontaneität nervt, dass sie endlich sitzenbleiben sollen und dass sie zuhören sollen.

Es kommt oft der Verdacht auf, diese Kinder seien hyperaktiv und sie werden in die AD(H)S-Schublade gesteckt.

Und diesen Stempel "AD(H)S" werden diese lebhaften Kinder nicht mehr so schnell los.

Kinder, die nicht funktionieren, schickt man gerne zum Therapeuten, wenn sie in unserer heutigen Gesellschaft nicht gleich funktionieren.

Die AD(H)S-Diagnose sollte unbedingt **NUR** von Fachärzten gestellt werden – von Kinder- und Jungend-Psychiatern, die darauf spezialisiert sind.

Kinder sind Individuen mit völlig unterschiedlichen Temperamenten. Da gibt es Jungen und Mädchen, die können sich stundenlang mit Büchern, dem Malen oder mit Bauklötzen beschäftigen. Während andere Kinder von Natur aus lebhaft sind und ständig Bewegung brauchen.

Lebhafte Kinder brauchen statt Psychopharmaka und Therapien ein echtes Zuhause mit viel Liebe und einer festen Struktur.

Eltern von lebhaften Kindern sollten auch dafür sorgen, dass ihr Nachwuchs sich viel an der frischen Luft bewegt, damit er sich auspowern kann (Spielplatz, Sportverein). Ebenso ist es wichtig, dass zum Ausgleich das Kind auch lernen sollte, bewusst zu entspannen (Kinder-Yoga, feste Ruhezeiten, Entspannungsübungen).

Für ALLE Kinder ist es wichtig, dass Eltern sich konsequent verhalten, egal ob mit AD(H)S oder ohne AD(H)S.

Eltern sollten ihren Kindern Halt und Orientierung geben und ihnen gleichzeitig vermitteln, dass sie auf ihrer Seite stehen.

Weitere Buchtipps

Down-Syndrom besser verstehen
Ratgeber für Hilfesuchende
Autor: Jutta Schütz
Verlag: Books on Demand
ISBN 978-3-7392-3772-5

Menschen mit Down-Syndrom leiden NICHT an ihrem Syndrom, sie leiden eher am Verhalten ihrer Umwelt durch: Ausgeschlossensein, Zurückweisung, Spott, Mitleid, Unverständnis und Übergangenwerden.

Autismus verstehen
Ratgeber für Hilfesuchende
Autorin Jutta Schütz
Verlag: Books on Demand
ISBN-10: 3734790212

Autismus ist nicht heilbar, aber die verschiedenen Symptome können gelindert werden. Je nach Ausprägung und Intensität der Symptome müssen die pädagogischen und therapeutischen Ansätze verschieden sein.

Depressionen verstehen
Ratgeber für Hilfesuchende
Autorin: Jutta Schütz
Verlag: Books on Demand
ISBN-10: 3739220163

Eine Depression kann jeden treffen, unabhängig von Alter, Geschlecht und sozialem Status. Wir ALLE kennen Phasen unseres Lebens, in denen wir traurig, unglücklich oder einsam sind. Dauert eine traurige Phase aber über Wochen an, könnte bereits eine Depression vorliegen.

Weitere Bücher finden Sie auf der Webseite:

https://www.jutta-schuetz-autorin.de/